리얼스타트
新
BCT(A)
실전모의고사 문제집

Business Chinese Test

저자 **김기숙** | 감수 **우인호·중앙일보 중국연구소**

중앙 books
JoongAng Ilbo

리얼 스타트

新

리얼

BCT(A)

실전모의고사 　문제집

저자 김기숙 | 감수 우인호 · 중앙일보 중국연구소

중앙books
JoongAng Ilbo

目录

新BCT(A) 模拟考试 一 **3**

新BCT(A) 模拟考试 二 **21**

新BCT(A) 模拟考试 三 **41**

答案·听力材料 **59**

答题卡 **67**

商务汉语模拟考试
BCT (A) 试卷

一

注　意

一、BCT(A)分三部分:

　　1. 听力(30题，约 20分钟)

　　2. 阅读(30题，30分钟)

　　3. 书写(10题，10分钟)

二、听力结束后，有 5分钟填写答题卡。

三、全部考试约 70分钟(含考生填写个人信息时间 5分钟)。

一、听力

第一部分

第1 - 10题

例如：		✓
		✗
1.		
2.		
3.		
4.		

5.		
6.		
7.		
8.		
9.		
10.		

第二部分

第11 - 20题

例如：	A ✓	B	C
11.	A	B	C
12.	A	B	C
13.	A	B	C

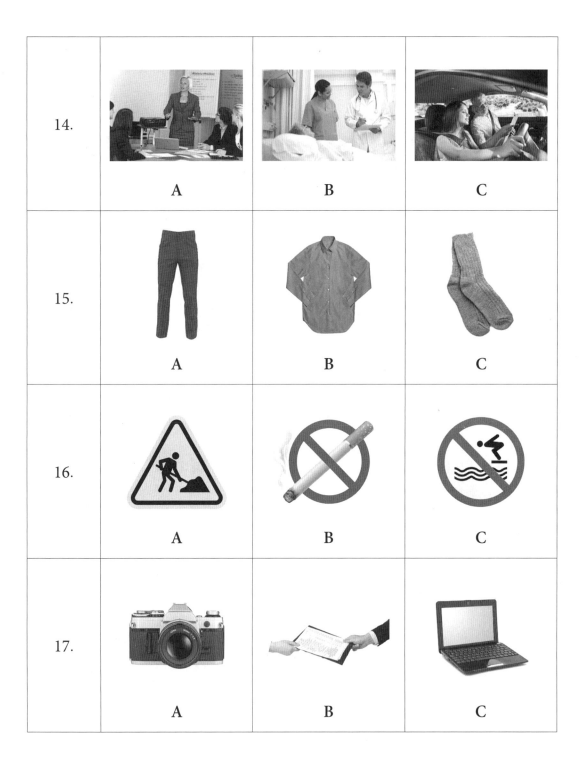

14.			
	A	B	C
15.			
	A	B	C
16.			
	A	B	C
17.			
	A	B	C

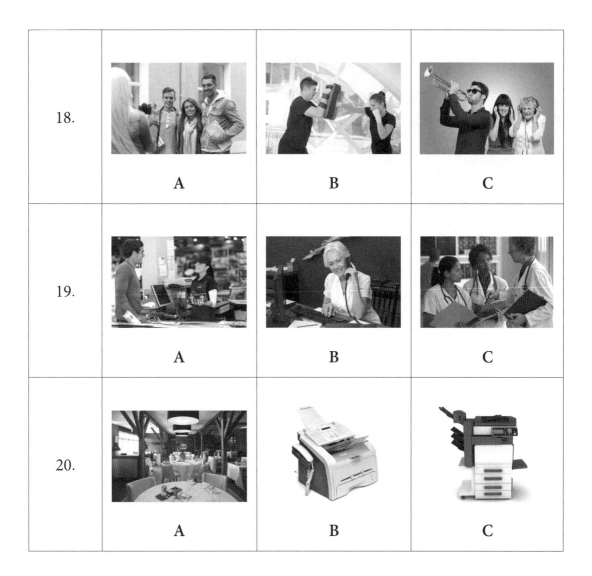

18.	A	B	C

19.	A	B	C

20.	A	B	C

第三部分

第21-30题

例如：　女：明天下午我们一起去工厂，好吗？

　　　　男：好的，两点从办公室出发。

　　　　问：他们从哪儿出发？

　　　　　A 学校　　　　　　B 工厂　　　　　　C 办公室 ✓

21.　　A 两天　　　　　　B 三天　　　　　　C 五天

22.　　A 修理　　　　　　B 退货　　　　　　C 买新的

23.　　A 60元　　　　　　B 120元　　　　　　C 36元

24.　　A 没交年费　　　　B 过期了　　　　　C 没带了

25.　　A 今年　　　　　　B 去年　　　　　　C 前年

26.　　A 晚饭　　　　　　B 咖啡　　　　　　C 水果

27.　　A 银行　　　　　　B 机场　　　　　　C 旅行社

28.　　A 坐飞机　　　　　B 坐火车　　　　　C 坐地铁

29.　　A 找朋友　　　　　B 送文件　　　　　C 谈生意

30.　　A 游泳　　　　　　B 跑步　　　　　　C 旅游

二、阅读

第一部分

第31-35题

A 新产品　　　B 没办法　　　C 请问
D 不客气　　　E 合同　　　　F 欢迎

例如：　男：谢谢您的帮助。
　　　　女：（　**D**　）。

31．　男：（　　　　），充值卡有优惠吗？
　　　女：有，买一送一，送你一张10元的卡。

32．　男：经理，这个（　　　　）要准备几份？
　　　女：三份就够了。

33．　男：这个价格太贵了，你能不能便宜一点？
　　　女：非常抱歉，这是（　　　　），不能再便宜了。

34．　男：这个会议室怎么能坐下20个人？
　　　女：（　　　　），别的都有人用了。

35．　如果你有时间的话，（　　　　）到我们工厂参观。

第36-40题

A 2014年7月9日　　B 留言　　　　C 陈先生

D 电话号码　　　　E 姓名　　　　F 三点以后回电话

例如：　____E____ ：张 晓 天

36. _____ ：给刘小姐

37. 日　　　期 ：_____

38. 留　言　者 ：_____

39. 内　　　容 ：_____

40. _____ ：65496688 转 117

第二部分

第41-60题

例如：

★ 这是什么地方？

A 机场　　　　　B 会议室　　　　　C 洗手间 ✓

41.

★ 根据这个标志可以知道，这里：

A 可以充电　　　B 禁止打电话　　　C 不卖手机

42.

中国工商银行

经理 张红

地　址：上海市长宁区中山路16号
电　话：8679-7656
传　真：8679-7657
手　机：13198885678
E-mail: zhanghong@hotmail.com

★ 张红在哪儿工作？

A 医院　　　　　B 商场　　　　　C 银行

43.

招聘

单位：北京五星公司

职位：总经理办公室秘书

人数：1 名

要求：大学毕业，英语流利，30岁以下

★ 公司需要招：

A 秘书   B 总经理   C 大学生

44.

2013年中国手机市场占有率

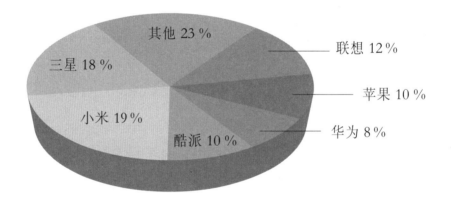

★ 哪家公司的手机最受欢迎？

A 小米   B 苹果   C 联想

45-46.

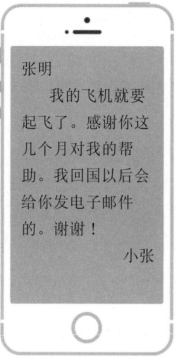

张明

我的飞机就要起飞了。感谢你这几个月对我的帮助。我回国以后会给你发电子邮件的。谢谢！

小张

★ 小张在：

A 机场

B 公司

C 邮局

★ 下面哪句话是正确的？

A 小张发电子邮件了

B 张明帮助小张了

C 小张回国了

47.

时代商场

春节特价

家电　满2000元，减150元

★ 如果买了2000元的衣服，应该付：

A 1850元　　　　B 2000元　　　　C 2150元

48.

张红：

您好！

如果收到商品目录，请您看看。我希望您今天就直接发给李经理，他同意就行了。

2014年12月7日

马丽

★ 可以做决定的是：

A 张红 　　　　　B 马丽 　　　　　C 李经理

49-50.

大洲宾馆客房价格表

房间类型 价格（人民币）

单人间：500元/天 　　　双人间：600元/天

商务间：800元/天 　　　豪华间：1000元/天

◆ 价格另加10%服务费。
◆ 入住时间为下午2点
◆ 退房时间为上午11点

★ 如果住一天单人间应该付：

A 500元 　　　　　B 550元 　　　　　C 600元

★ 客人最好几点以前离开房间？

A 上午11点 　　　　B 下午两点 　　　　C 下午11点

51-53.

```
┌─────────────────────────────────────────────┐
│                    请柬                        │
│                                               │
│  陈先生：                                       │
│      您好！                                     │
│      现定于十月九日晚上八点在大洋大酒店二楼大厅        │
│  举行开业宴会，敬请光临，请穿正装出席。             │
│                                    大洋大酒店    │
│                                   2014年5月20日  │
│                                               │
└─────────────────────────────────────────────┘
```

★ 根据邀请信，陈先生应该穿什么衣服去？

A 西装　　　　　　B 运动服　　　　C 工作服

★ 这家酒店的宴会几点开始？

A 晚上10点　　　　B 晚上9点　　　C 晚上 8点

★ 根据请柬，可以知道什么？

A 不能提前到　　　B 应该带礼品　　C 晚上有宴会

54-55.

```
┌─────────────────────────────────────────────┐
│                    启事                        │
│                                               │
│      本人9月8日中午，在公司地下食堂丢失黑色文件       │
│  包。内有手机、钱包等，最重要的是文件。我办公室       │
│  在八层。本人很急，请拾到者跟我联系。必有重谢！       │
│                                               │
│  联系电话：18678325536                          │
│  QQ：66427                                     │
│                                        王力    │
│                                               │
└─────────────────────────────────────────────┘
```

★ 王力在哪儿丢了文件包？

A 办公室　　　　　B 食堂　　　　　C 八层

★ 下面哪一项正确？

A 文件不重要　　　B 包里有身份证　C 他在八层工作

56-57.

请假单

赵主任：

　　您好！

　　我昨天突然发烧头疼，医生建议我休息几天，希望请三天假。明天的报告您不用担心，内容李华也很清楚。如果有紧急的事情，请和他联系。

2014年10月17日

王海

★ 王海请假的原因是：

A 生病了　　　　　B 有急事　　　　　C 要报告

★ 什么时候要报告：

A 10月17日　　　　B 10月18日　　　　C 10月19日

58-60.

日期	时间	日程	地点
8月11日	10:45	到达机场	浦东机场
	12:30	午餐	东来顺
	14:30	与总经理会见	百顺公司
	16:00	回饭店休息	国际酒店
	19:00	参加宴会	国际酒店
8月12日	10:00	参观工厂	百顺公司
	13:30	自由时间	
8月13日	11:40	到达机场	虹桥机场

★ 11日中午他们在哪儿吃饭？

A 东来顺　　　　　B 百顺公司　　　　C 国际酒店

★ 如果要见住在上海的朋友，最好哪天见面？

A 8月10日　　　　B 8月11日　　　　C 8月12日

★ 他在上海住几天几夜？

A 四天三夜　　　　B 三天两夜　　　　C 两天一夜

三、书写

第61-70题

例如：　我2011年大学（　毕^{bì}　）业，已经工作三年多了。

61.　李明今天是第一天（　　^{shàng}　　）班。

62.　请慢（　　^{zǒu}　　），欢迎您下次再光临。

63.　听说明天天（　　^{qì}　　）不太好，会下大雨的。

64.　现在五层以上的房间（　　^{yǐ}　　）经全部卖完了。

65.　办公室那边放着一（　　^{tái}　　）复印机。

66.　我来（　　^{jièshào}　　）一下，这位是海尔公司的经理王海。

67.　张华，今天的（　　^{bàozhǐ}　　），你放在哪儿了？

68.　林经理下星期五要去上海（　　^{chūchāi}　　）。

69.　大明公司一共有（　　^{yuángōng}　　）500名左右。

70.　为我们的友好（　　^{hézuò}　　）关系，干杯！

商务汉语模拟考试 BCT (A) 试卷

二

注 意

一、BCT(A)分三部分:

    1. 听力(30题, 约 20分钟)

    2. 阅读(30题, 30分钟)

    3. 书写(10题, 10分钟)

二、听力结束后, 有 5分钟填写答题卡。

三、全部考试约 70分钟(含考生填写个人信息时间 5分钟)。

一、听力

第一部分

第1 - 10题

例如：		✓
		✕
1.		
2.		
3.		
4.		

5.			
6.			
7.			
8.			
9.			
10.			

第二部分

第11－20题

例如：	A　✓	B	C
11.	A	B	C
12.	A	B	C
13.	A	B	C

25

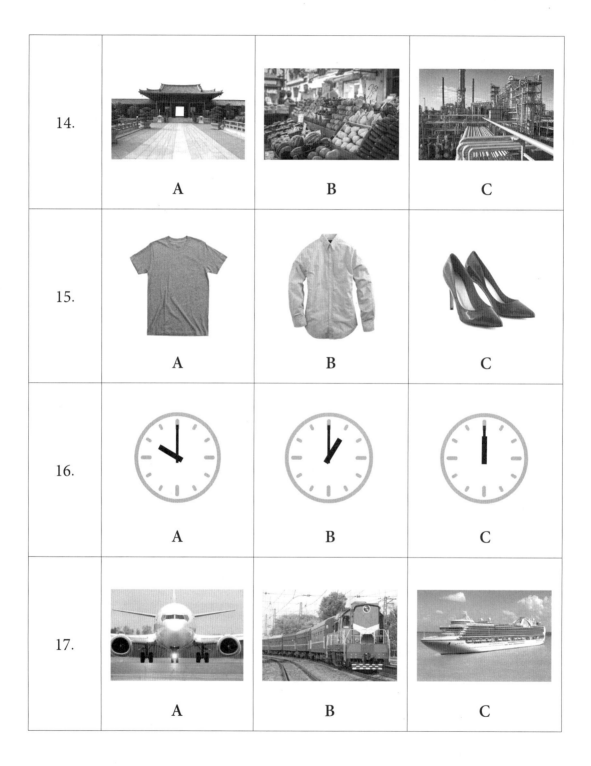

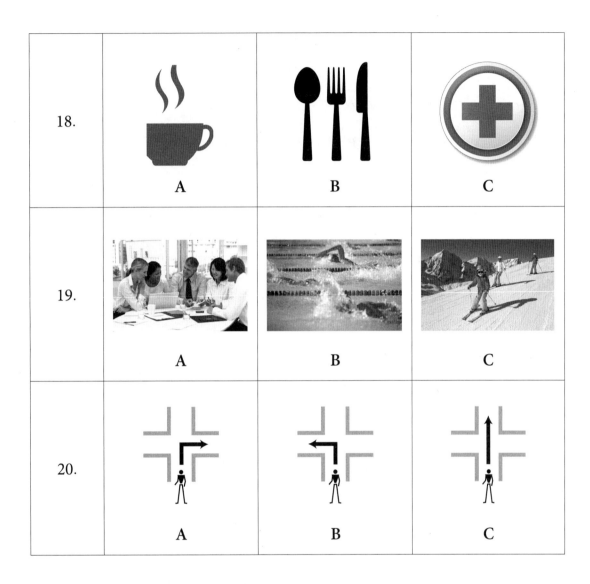

第三部分

第21-30题

例如：　女：明天下午我们一起去工厂，好吗？

　　　　男：好的，两点从办公室出发。

　　　　问：他们从哪儿出发？

　　　　　　A 学校　　　　　B 工厂　　　　　C 办公室 ✓

21．　　A 售货员　　　　B 服务员　　　　C 邮递员

22．　　A 登机牌　　　　B 护照　　　　　C 账单

23．　　A 6点　　　　　B 6点30分　　　　C 7点

24．　　A 单人间　　　　B 双人间　　　　C 商务间

25．　　A 飞机坏了　　　B 天气不好　　　C 乘客没来

26．　　A 电视坏了　　　B 电脑坏了　　　C 电梯坏了

27．　　A 旅行社　　　　B 机场　　　　　C 火车站

28．　　A 支票　　　　　B 现金　　　　　C 银行卡

29．　　A 衣服　　　　　B 面包　　　　　C 饮料

30．　　A 找到工作了　　B 要休假了　　　C 涨工资了

二、阅读

第一部分

第31-35题

A 贵公司　　　B 介绍　　　C 电话
D 不客气　　　E 还好　　　F 愉快

例如：　男：谢谢您的帮助。
　　　　女：（　**D**　）。

31.　男：祝我们合作（　　　　）。
　　　女：来，干杯！

32.　女：这次出差一切都很顺利吧？
　　　男：（　　　　），没有遇到什么大麻烦。

33.　男：我们的交货日期，（　　　　）觉得合适吗？
　　　女：合适是合适，但时间有点儿紧张。

34.　女：给大家（　　　　）一下，这位是刘东经理。
　　　男：大家好，认识你们很高兴。

35.　我现在不太方便接（　　　　），请一会儿再打。

第36-40题

A 地址　　　　B 韩国　　　　C 性别
D 北京饭店　　E 姓名　　　　F 护照号

例如：　　　E　　　：张 晓 天

36.　　　　　　　　：男

37.　　　　　　　　：H896059

38.　国　　　籍：　　　　　　

39.　工 作 单 位：　　　　　　

40.　　　　　　　　：北京市王府井大街56号

第二部分

第41-60题

例如：

★ 这是什么地方？

A 机场　　　　　B 会议室　　　　C 洗手间 ✓

41.

★ 当你看到这种标志时，应该：

A 等一会儿　　　B 不拍照　　　　C 不打电话

42.

東方家具公司

刘华 销售部主任

手机：182-7786-9856
电子邮件：liuhua@gmail.com
地址：北京市海淀区图书城54路

★ 下列哪一项最可能是这家公司的产品？

A 桌子　　　　　B 电视　　　　　C 衣服

43.

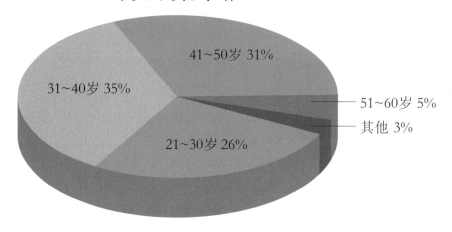

网上购物年龄

★ 哪个年龄段的人最喜欢在网上购物?

A 21-30岁   B 31-40岁   C 41-50岁

44.

号码	名称	号码	名称
114	查号台	119	火警
120	急救台	121	天气预报

★ 如果看到发生交通事故要打:

A 114   B 120   C 121

45-46.

特价旅游 黄山9天团

成人特价(12岁以上)：3900元

儿童价（12岁以下）：2500元

出发时间：每周一、三、五

出发地点：北京

饭店：八晚五星级酒店（两人一间）

车辆：豪华旅游汽车

小费：100元

★ 如果11岁的孩子参加旅游，应该付：

A 3900元 　　　**B** 2500元 　　　**C** 100元

★ 关于旅游，下面哪一项正确？

A 坐飞机去黄山 　**B** 住很好的饭店 　**C** 12岁以下半价

47.

名品百货商场

营业时间

星期一到星期四　　9:00 ~ 21:30

星期五到星期日　　9:00 ~ 22:00

★ 你想去买东西，应该选择哪个时间？

A 周一 22:00 　　　**B** 周四 8:30 　　　**C** 周六 21:30

48.

写字楼出租

地铁站附近，设备齐全、安全卫生、
带电梯，提供免费会议室，免费停车

面积：30m^2

租金：5000元/月

联系电话：0769-87760989

★ 关于写字楼可以知道什么？

A 租金500元　　　B 交通方便　　　C 停车收费

49-50.

杨丽出差日程表			
	上午	下午	晚上
9月2日	到达北京	见客户	休息
9月3日	看产品	参观工厂	参加晚会
9月4日	商量价格	返回上海	放假

★ 杨丽哪天访问工厂？

A 9月2日　　　B 9月3日　　　C 9月4日

★ 9月4日上午，杨丽打算做什么？

A 谈价格　　　B 看产品　　　C 签合同

51-53.

大林公司销售部：

　　我们参观了在上海举行的食品博览会。我们对贵公司生产的水果干很感兴趣，想知道贵公司有没有现货。如果有，请寄送各种水果干的商品目录、价格和样品。如果质量很好，价格合适，我们公司就订货。

东方公司

2014年5月7日

★ 东方公司为什么发传真？

A 邀请大林公司　　B 想知道价格　　　C 现在就订货

★ 大林公司生产什么？

A 水果干　　　　　B 样品　　　　　　C 商品目录

★ 根据传真，下面哪句话是正确的？

A 产品有现货

B 质量、价格合适

C 东方公司参观了博览会

54-55.

服装全场

满199减40，满399减100，满699减200

活动时间：2014.8.14. 10:00～8.20. 22:00

（部分商品除外）

★ 如果买满399元的衣服，应该付：

A 199元　　　　　B 299元　　　　　C 399元

★ 根据促销活动的内容，可以知道什么？

A 满600减200　　B 8月22日也促销　C 部分商品不促销

56-57.

小刘：

　　请代购一张这星期四到南京的火车票，发车时间最好是早上8点到10点之间。这样我可以中午到南京，下午与客户见面。我明天来取票，拜托你！

张华

5月28日

★ 张华让小刘做什么？

A 代购火车票　　B 与客户见面　　C 到南京工作

★ 关于这张留言条，可以知道什么？

A 张华到南京见朋友

B 火车可能11点出发

C 张华5月29日来取票

58-60.

总经理工作日程表		
8日 星期一	9:00 - 11:00	去工厂
	15:00 - 17:00	销售部门会议
9日 星期二	9:00 - 9:30	电话会议
	12:00 - 14:00	请刘总吃饭
10日 星期三	14:00 - 17:00	全体部门会议
11日 星期四	10:00 - 11:30	见中国公司代表
	19:00 - 21:00	参加晚会
12日 星期五	9:00	坐飞机去广州
13日 星期六	10:00 - 15:00	参观日本汽车博览会
14日 星期日		

★ 总经理哪天下班最晚?

A 10日   B 11日   C 12日

★ 根据日程表,哪个会议最长?

A 销售部门会议 B 电话会议   C 全体部门会议

★ 总经理去哪个城市参观博览会?

A 中国   B 广州   C 日本

三、书写

第61-70题

例如：　我2011年大学（　毕^{bì}　）业，已经工作三年多了。

61.　你看我穿这件大（　　^{yī}　　）漂不漂亮？

62.　我在（　　^{shì}　　）场部工作，常常跟客户谈生意。

63.　先生，你给我100块，这是我找给您的（　　^{qián}　　）。

64.　下车时，我把手机（　　^{wàng}　　）在出租车上了，怎么办？

65.　你感冒了，别（　　^{hē}　　）咖啡了，来杯热水吧！

66.　认识您很高兴，这是我的（　　^{míngpiàn}　　）。

67.　我在报纸上看到贵公司的招聘（　　^{guǎnggào}　　）。

68.　我昨天发了一个（　　^{diànzǐ}　　）邮件，你收到了吗？

69.　您要的（　　^{wénjiàn}　　）复印好了，您现在要不要？

70.　（　　^{yínháng}　　）还没开门呢，你过一会儿去吧。

商务汉语模拟考试
BCT (A) 试卷

三

注　意

一、BCT(A)分三部分：

    1. 听力(30题，约 20分钟)

    2. 阅读(30题，30分钟)

    3. 书写(10题，10分钟)

二、听力结束后，有 5分钟填写答题卡。

三、全部考试约 70分钟(含考生填写个人信息时间 5分钟)。

一、听力

第一部分

第1 - 10题

例如：		✓
		✗
1.		
2.		
3.		
4.		

5.		
6.		
7.		
8.		
9.		
10.		

第二部分

第11 - 20题

例如：	 A ✓	 B	 C
11.	 A	 B	 C
12.	 A	 B	 C
13.	 A	 B	 C

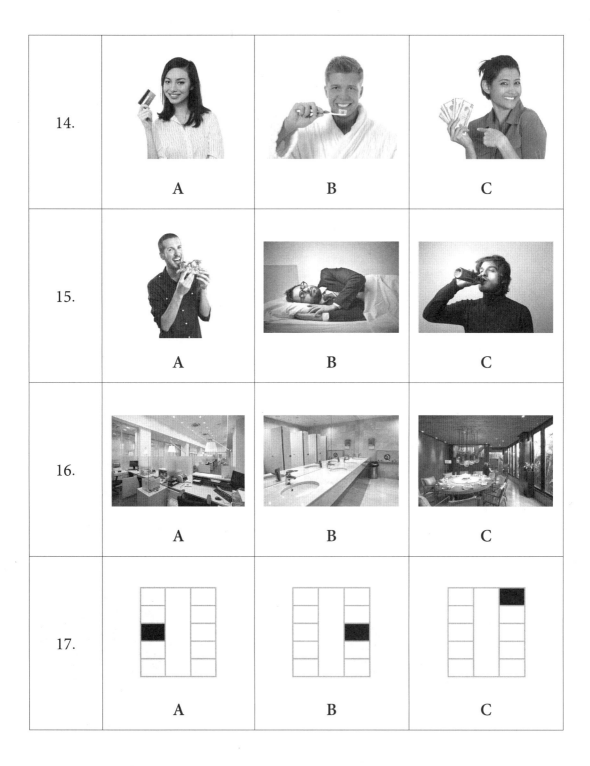

18.	 A	 B	 C
19.	上海→广州 450元 A	北京→上海 1050元 B	北京→上海 850元 C
20.	 A	 B	 C

第三部分

第21-30题

例如：　女：明天下午我们一起去工厂，好吗？

　　　　男：好的，两点从办公室出发。

　　　　问：他们从哪儿出发？

　　　　　　A 学校　　　　B 工厂　　　　C 办公室 ✓

21.　　　A 他们是朋友　　B 他们刚认识　　C 他们是同事

22.　　　A 漂亮　　　　　B 挺好的　　　　C 没有能力

23.　　　A 海关　　　　　B 出站口　　　　C 咖啡厅

24.　　　A 医院　　　　　B 超市　　　　　C 会议室

25.　　　A 担心　　　　　B 参加面试　　　C 按时到

26.　　　A 明天　　　　　B 周末　　　　　C 下星期

27.　　　A 等她的朋友　　B 发电子邮件　　C 经理找过她

28.　　　A 孩子　　　　　B 同学　　　　　C 爸爸

29.　　　A 同事　　　　　B 男朋友　　　　C 爱人

30.　　　A 内容简单　　　B 句子很短　　　C 写得很好

二、阅读

第一部分

第31-35题

A 没关系　　　B 联系　　　C 麻烦
D 不客气　　　E 哪位　　　F 光临

例如：　　男：谢谢您的帮助。

　　　　　女：（　D　）。

31.　　男：欢迎（　　　）！请问几位？

　　　　女：我们四个人。

32.　　女：真抱歉，王总，我来晚了。

　　　　男：（　　　），我们刚刚开始。

33.　　男：请问，您找（　　　）？

　　　　女：王经理在吗？他一直不接手机。

34.　　女：（　　　）您帮我看看这份说明书。

　　　　男：没问题，我来看看。

35.　　如果工厂里有现货，请马上跟我（　　　）。

第36-40题

A 十张 B 办公桌 C 付款方式
D 灰色 E 姓名 F 大小

例如：___E___ ：张 晓 天

36. 商 品 名 ：_____

37. 数 量 ：_____

38. _____ ：120 × 75 × 80

39. 颜 色 ：_____

40. _____ ：信用卡

第二部分

第41-60题

例如：

★ 这是什么地方？

A 机场   B 会议室   C 洗手间 ✓

41.

★ 根据这张图可以知道，这里：

A 禁止停车   B 可以停车   C 不准步行

42.

> 王刚：
>
>   我有事出去了，马上回来。如果有个叫李明的人来找我，请让他在我的办公室等我。
>
>   刘林
>
>   2014年10月7日

★ 根据留言，下列哪项正确？

A 王刚马上回来   B 刘林出去了   C 李明找到了刘林

43.

张华11月份支出	
租金	2000元
餐费	80元
车费	50元
水电费	350元
其他	300元

★ 11月份哪项的支出最多？

A 租金　　　　B 餐费　　　　C 水电费

44.

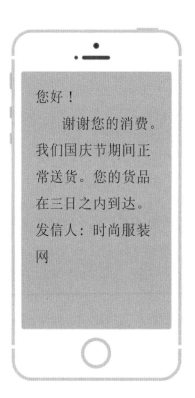

★ 发信人可能在哪儿工作?

A 旅行社

B 手机公司

C 网上商城

45-46.

停电通知

各位员工：

从11月24日到26日，在国际大厦八层到十层要停电检查，请有关员工做好准备。

停电时间：11月24日 07:00 ～ 10:00

11月25日 07:00 ～ 10:00

特此通知

国际大厦管理处

2014年11月10日

★ 这个通知的对象是：

A 全职员　　　　B 管理处　　　　C 客户

★ 这个通知的主要内容是：

A 举行面试　　　B 停电检查　　　C 修理空调

47.

深圳人才招聘会

求职者免费入场

日期：2014年3月25日到3月28日

地址：火车站西路6号，大发服装城对面

交通：138路、158路，在火车站西路下车

联系电话：6573-1815，6573-1816

★ 根据招聘会，下面哪项正确？

A 会场在火车站附近

B 没有联系电话

C 求职者买票进入

48.

房屋出租

3室1厅1卫

租金：2500元/月

楼层：3层，共6层

面积：108m^2

交通：18路、29路，地铁7号线

★ 根据广告内容，下面哪句话是正确的？

A 租金是月付　　B 没有客厅　　　C 附近没有公共汽车

49-50.

全家餐厅

开业优惠　　　中餐八折

13:00 - 16:00 用餐打八折

- 满100元再送点心
- 酒水、特价菜、米饭不打折

★ 什么时间得不到优惠？

A 14:30　　　　B 15:30　　　　C 16:30

★ 我们可以知道这家店：

A 米饭免费　　B 搞促销活动　　C 特价菜打八折

51-53.

按摩价格表

- 全身按摩 100元（60分钟）
- 足部按摩 50元（60分钟）
- 头部按摩 50元（40分钟）
- 套餐 A

  全身+足部 120元 52.(90分钟)(只收现金)
- 套餐 B

  全身+头部 120元(90分钟)(只收现金)
- ◆ 会员卡优惠

  300元会员卡8折优惠　　　500元会员卡7折优惠

★ 客户有500元会员卡，足部按摩是：

A 35元　　　　　　　B 40元　　　　　　　C 45元

★ 套餐A要多长时间？

A 60分钟　　　　　　B 40分钟　　　　　　C 1个半小时

★ 根据价格表，下面哪句话是对的？

A 套餐可以用信用卡　　B 会员卡有三种　　C 有会员卡打折

54-55.

航班号	到达	登机口	出发时间	情况
KE7090	东京	E21	18:30	取消
CA9889	香港	E35	18:40	19:10出发
DF6873	纽约	E17	19:30	19:30出发
AC6873	首尔	E19	20:30	20:40出发

★ 今天去哪里的航班没有了？

A 东京　　　　　　B 香港　　　　　　C 纽约

★ 哪个航班准时起飞？

A KE7090　　　　B CA9889　　　　C DF6873

55-56.

不同年龄电子邮件使用率

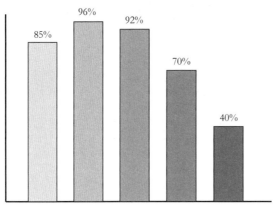

★ 电子邮件使用率最高的是哪段年龄?

A 25 - 34岁   B 35 - 44岁   C 55岁以上

★ 电子邮件使用率最低的是哪段年龄?

A 25 - 34岁   B 35 - 44岁   C 55岁以上

58-60.

网上书城快递价格表				
目的地	1-3公斤	4-6公斤	续重每公斤	到达时间(天)
广东	10元	18元	2元	1-2
上海、福建、湖南、江苏、浙江、海南、云南、贵州、四川	14元	26元	2元	2-3
北京、重庆、湖北、山东、安徽、河北	15元	38元	3元	2-3
河南、山西、吉林、辽宁、天津、黑龙江	18元	33元	3元	2-3
新疆	29元	54元	5元	3-4

* 订300元以上免费快递

★ 寄一个3公斤的快递到重庆，需要多少钱?

A 10元 　　　　**B** 14元 　　　　**C** 15元

★ 今天上午寄到山西的快递，需要多长时间?

A 1-2天 　　　　**B** 2-3天 　　　　**C** 3-4天

★ 如果你订了350元以上的书，应该付多少快递费?

A 0元 　　　　**B** 10元 　　　　**C** 29元

三、书写

第61-70题

例如： 我2011年大学（ 毕^{bì} ）业，已经工作三年多了。

61. 你（ chuān ）这件黑西装很好看。

62. 昨天借的两（ běn ）书，看完了没有？

63. 我们（ zuò ）出租车去，不到十分钟就能到。

64. 这个问题太难了，我也（ huí ）答不了，你问别人吧。

65. 我爸爸是第一（ cì ）来中国旅游。

66. 您能寄给我贵公司的商品（ mùlù ）吗？

67. 明天早上九点我在公司门口等你，（ zàijiàn ）。

68. 我真不知道去哪儿买衣服（ bǐjiào ）好？

69. 晚上没睡好，早上起晚了，要（ chídào ）了。

70. 小李，（ bàogào ）书放在哪儿了？我怎么找也找不到啊！

答案·听力材料

BCT（A）模拟考试 1 答案

1 X	2 X	3 √	4 X	5 √	6 X	7 X	8 X	9 X	10 √
11 B	12 A	13 C	14 A	15 A	16 B	17 B	18 A	19 B	20 C
21 C	22 A	23 C	24 A	25 B	26 B	27 A	28 B	29 B	30 B
31 C	32 E	33 A	34 B	35 F	36 B	37 A	38 C	39 F	40 D
41 B	42 C	43 A	44 A	45 A	46 B	47 B	48 C	49 B	50 A
51 A	52 C	53 C	54 B	55 C	56 A	57 B	58 A	59 B	60 B
61 上	62 走	63 气	64 已	65 台	66 介绍	67 报纸	68 出差	69 员工	70 合作

BCT（A）模拟考试 2 答案

1 X	2 X	3 √	4 √	5 X	6 X	7 √	8 √	9 X	10 √
11 B	12 A	13 A	14 C	15 B	16 C	17 A	18 B	19 A	20 A
21 B	22 B	23 B	24 C	25 B	26 B	27 C	28 B	29 B	30 A
31 F	32 E	33 A	34 B	35 C	36 C	37 F	38 B	39 D	40 A
41 B	42 A	43 B	44 B	45 B	46 B	47 C	48 B	49 B	50 A
51 B	52 A	53 C	54 B	55 C	56 A	57 C	58 C	59 C	60 B
61 衣	62 市	63 钱	64 忘	65 喝	66 名片	67 广告	68 电子	69 文件	70 银行

BCT（A）模拟考试 3 答案

1 X	2 X	3 √	4 X	5 √	6 √	7 X	8 X	9 X	10 √
11 B	12 C	13 C	14 A	15 B	16 A	17 B	18 C	19 C	20 A
21 B	22 B	23 C	24 A	25 C	26 B	27 C	28 A	29 A	30 C
31 F	32 A	33 E	34 C	35 B	36 B	37 A	38 F	39 D	40 C
41 A	42 B	43 A	44 C	45 A	46 B	47 A	48 A	49 C	50 B
51 A	52 C	53 C	54 A	55 C	56 A	57 C	58 C	59 B	60 A
61 穿	62 本	63 坐	64 回	65 次	66 目录	67 再见	68 比较	69 迟到	70 报告

(音乐，30秒，渐弱)

大家好！欢迎参加 BCT(A)考试。
大家好！欢迎参加 BCT(A)考试。
大家好！欢迎参加 BCT(A)考试。

BCT(A)听力考试分三部分，共30题。
请大家注意，听力考试现在开始。

第一部分

一共10个题，每题听两遍。

例如：三

送礼物

现在开始第1题：

1 衬衫
2 阴天
3 喝茶
4 10点
5 累
6 空调
7 打电话
8 坐出租车
9 三个杯子
10 没有钱

第二部分

一共10个题，每题听两遍。

例如：再见，李先生。

现在开始第11题：

11 我骑自行车上班。
12 麦克到机场接客户。
13 这家商店可以刷卡。

14 那个穿西装的小姐就是新来的经理。
15 你能给我看看那条裤子吗?
16 非常抱歉，这里禁止吸烟。
17 这是产品说明书，请您看一看。
18 看我这儿，大家笑一笑，一、二、三!
19 喂，你好! 这里是大华公司，请问您找哪位?
20 复印机在这边，你跟我来。

第三部分

一共10个题，每题听两遍。

例如：

女: 明天下午我们一起去工厂，好吗?

男: 好的，两点从办公室出发。

问: 他们从哪儿出发?

现在开始第21题：

21
女: 你能在北京住几天?

男: 北京两天，上海三天。出差日程很紧张。

问: 男的这次能在中国住多长时间?

22
男: 这台传真机又坏了，上次已经修过一次了。

女: 那就再修一次吧，如果再坏，就买新的吧。

问: 他们决定这次怎么做?

23
男: 今天商场有活动，十元一件，买五件以上，每件六元。

女: 师傅，我买这六件。

问: 女的花了多少钱?

24

女：我的银行卡怎么不能用啊？过期了吗？

男：不是，您的卡还没有交年费。

问：女的为什么不能用卡？

25

男：小李，我桌子上的报告是今年的吗？

女：不是，那是去年的，今年的在我这儿。

问：男的桌子上的报告是哪年的？

26

女：老板，谈了两个小时了，休息一会儿好吗？

男：好吧，拿点儿喝的吧，谈完再出去吃晚饭吧。

问：女的应该给大家准备什么？

27

女：您好，请问您办理什么业务？

男：我想申请一张国际信用卡。请问需要什么手续？

问：这段对话可能发生在什么地方？

28

女：你们坐飞机去上海吗？

男：坐飞机太贵了，我们坐火车去。

问：男的怎么去上海？

29

男：请问，李经理在吗？这里有一个文件要他签收。

女：他在，你在这儿稍等一下。

问：男的来做什么？

30

女：我每周都去游泳，你也应该多去运动运动。

男：听新闻说跑步是一种最简单的锻炼方式。

问：男士很可能怎样锻炼身体？

*听力考试现在结束。

BCT(A) 模拟考试 2 听力材料

(音乐，30秒，渐弱)

大家好！欢迎参加 BCT(A)考试。
大家好！欢迎参加 BCT(A)考试。
大家好！欢迎参加 BCT(A)考试。

BCT(A)听力考试分三部分，共30题。
请大家注意，听力考试现在开始。

第一部分

一共10个题，每题听两遍。

例如：三

　　　送礼物

现在开始第1题：

1　领带

2　照相机

3　周三

4　一台电视

5　忙

6　吸烟

7 看报纸

8 很冷

9 起飞

10 行李箱

第二部分

一共10个题，每题听两遍。

例如：再见，李先生。

现在开始第11题：

11 你怎么了？哪儿不舒服？

12 你看见我的钥匙了吗？

13 她高高的，头发很长，戴眼镜。

14 他带着我们参观工厂。

15 这件衬衫太贵了，便宜点儿吧。

16 我每天晚上12点睡觉。

17 飞机马上就要起飞了，请系好安全带。

18 今天晚上我们去饭馆儿吃饭吧！

19 他们正在讨论合作协议。

20 您一直往前走，在十字路口往右拐。

第三部分

一共10个题，每题听两遍。

例如：

女：明天下午我们一起去工厂，好吗？

男：好的，两点从办公室出发。

问：他们从哪儿出发？

现在开始第21题：

21

男：你们两位，想吃点儿什么？

女：等一会儿，我们再看看菜单。

问：男的最可能是什么人？

22

女：小赵，你不是去机场了吗？怎么又回来了？

男：别提了，我到了机场才发现没带护照。

问：小赵回来拿什么？

23

女：已经6点了，你几点钟下班啊？

男：还有半个小时，你稍等，我们一起吃晚饭。

问：男的几点下班？

24

女：先生，你要单人间还是双人间？

男：我要一个商务间。

问：男的最可能订哪个房间？

25

男：请问，CA8035次航班什么时候起飞？

女：很抱歉，由于天气原因，飞机将在两个小时后起飞。

问：飞机为什么还没起飞？

26

女：我的电脑打不开了，你能帮我看看有什么问题吗？

男：对不起，现在有点儿忙，我一会儿去看看。

问：关于女的，可以知道什么？

27

男：你好！我买一张八点的火车票。

女：八点的已经卖完了。你可以买九点的，你要吗？

问：对话可能发生在什么地方？

28

女：先生，请问您是付现金还是刷卡？

男：钱不多，才30元，不用刷卡，付现金吧。

问：男的用什么付钱？

29

男：这个周末，公司的同事们一起去爬山。

女：山上很冷，你多穿点儿衣服，再带些吃的吧。

问：女的认为需要带什么？

30

女：你这么高兴，有什么好消息吗？

男：是的，那家公司让我明天去上班。

问：男的为什么高兴？

*听力考试现在结束。

（音乐，30秒，渐弱）

大家好！欢迎参加 BCT(A)考试。
大家好！欢迎参加 BCT(A)考试。
大家好！欢迎参加 BCT(A)考试。

BCT(A)听力考试分三部分，共30题。
请大家注意，听力考试现在开始。

第一部分

一共10个题，每题听两遍。

例如：三

　　送礼物

现在开始第1题：

1　两个杯子

2　很热

3　信用卡

4　复印机

5　跑步

6　打折

7　签字

8　人民币

9　发烧

10　眼镜

第二部分

一共10个题，每题听两遍。

例如：再见，李先生。

现在开始第11题：

11　会议室里一个人也没有。

12　我就要这三本，一共多少钱？

13　你要喝什么饮料，茶还是咖啡？

14　在这儿买东西可以刷卡吗？

15　让他再睡一会儿吧，昨天加班太累了。

16　请问，王经理的办公室在几层？

17　往前走，右边第三个房间就是经理办公室。

18　已经5点半了，我要回公司了。

19　飞往上海的机票一张850元。

20　前方到站是西直门站，下车的乘客请做好准备！

第三部分

一共10个题，每题听两遍。

例如：

女：明天下午我们一起去工厂，好吗？

男：好的，两点从办公室出发。

问：他们从哪儿出发？

现在开始第21题：

21

男：陈小姐，您好！认识您很高兴。

女：认识您我也很高兴。

问：根据对话，可以知道什么？

22

女：新来的小王这个人怎么样？

男：还不错，长得很帅，也很能干。

问：男的认为小王怎么样？

23

男：我已经出海关了，怎么看不见你？

女：出站口人太多，我在出站口对面的咖啡厅。

问：女的现在在哪儿？

24

男：你怎么了？看起来脸色不好。

女：我头疼、发烧，全身都不舒服。

问：女的应该去哪儿？

25

男：今晚的会议很重要，你可别迟到。

女：你别担心，我一定会准时到的。

问：男的希望女的怎么样？

26

女：我们明天一起去香山，怎么样？

男：天气预报说明天刮风。周末天气好，周末去吧。

问：男的想什么时候去香山？

27

男：这么晚了，你怎么还在办公室？

女：刚才经理有事找我，我这就回。

问：女的为什么还在办公室？

28

女：明天我们去机场接儿子吧。

男：九点出发怎么样？

问：他们要去机场接谁？

29

男：这花儿真漂亮，一定是男朋友送的吧？

女：哪儿啊，是一个同事送的，表示感谢。

问：这花儿是谁送给女人的？

30

女：你觉得王丽写的报告怎么样？

男：虽然有点儿长，但是内容丰富，很不错。

问：男的认为王丽的报告怎么样？

*听力考试现在结束。

新商务汉语考试 BCT（A）答题卡

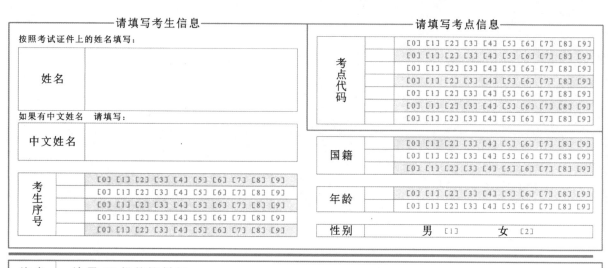

────────请填写考生信息────────

按照考试证件上的姓名填写：

| 姓名 | |

如果有中文姓名 请填写：

| 中文姓名 | |

考生序号	[0] [1] [2] [3] [4] [5] [6] [7] [8] [9]
	[0] [1] [2] [3] [4] [5] [6] [7] [8] [9]
	[0] [1] [2] [3] [4] [5] [6] [7] [8] [9]
	[0] [1] [2] [3] [4] [5] [6] [7] [8] [9]
	[0] [1] [2] [3] [4] [5] [6] [7] [8] [9]

────────请填写考点信息────────

考点代码	[0] [1] [2] [3] [4] [5] [6] [7] [8] [9]
	[0] [1] [2] [3] [4] [5] [6] [7] [8] [9]
	[0] [1] [2] [3] [4] [5] [6] [7] [8] [9]
	[0] [1] [2] [3] [4] [5] [6] [7] [8] [9]
	[0] [1] [2] [3] [4] [5] [6] [7] [8] [9]
	[0] [1] [2] [3] [4] [5] [6] [7] [8] [9]
	[0] [1] [2] [3] [4] [5] [6] [7] [8] [9]

国籍	[0] [1] [2] [3] [4] [5] [6] [7] [8] [9]
	[0] [1] [2] [3] [4] [5] [6] [7] [8] [9]
	[0] [1] [2] [3] [4] [5] [6] [7] [8] [9]

| 年龄 | [0] [1] [2] [3] [4] [5] [6] [7] [8] [9] |
| | [0] [1] [2] [3] [4] [5] [6] [7] [8] [9] |

| 性别 | 男 [1] | 女 [2] |

注意　请用 2B 铅笔这样写：▬

一、听　力

1. [√] [✕]　　6. [√] [✕]　　11. [A] [B] [C]　　16. [A] [B] [C]　　21. [A] [B] [C]　　26. [A] [B] [C]
2. [√] [✕]　　7. [√] [✕]　　12. [A] [B] [C]　　17. [A] [B] [C]　　22. [A] [B] [C]　　27. [A] [B] [C]
3. [√] [✕]　　8. [√] [✕]　　13. [A] [B] [C]　　18. [A] [B] [C]　　23. [A] [B] [C]　　28. [A] [B] [C]
4. [√] [✕]　　9. [√] [✕]　　14. [A] [B] [C]　　19. [A] [B] [C]　　24. [A] [B] [C]　　29. [A] [B] [C]
5. [√] [✕]　　10. [√] [✕]　　15. [A] [B] [C]　　20. [A] [B] [C]　　25. [A] [B] [C]　　30. [A] [B] [C]

二、阅　读

31. [A] [B] [C] [D] [E] [F]　　36. [A] [B] [C] [D] [E] [F]　　41. [A] [B] [C]　　46. [A] [B] [C]
32. [A] [B] [C] [D] [E] [F]　　37. [A] [B] [C] [D] [E] [F]　　42. [A] [B] [C]　　47. [A] [B] [C]
33. [A] [B] [C] [D] [E] [F]　　38. [A] [B] [C] [D] [E] [F]　　43. [A] [B] [C]　　48. [A] [B] [C]
34. [A] [B] [C] [D] [E] [F]　　39. [A] [B] [C] [D] [E] [F]　　44. [A] [B] [C]　　49. [A] [B] [C]
35. [A] [B] [C] [D] [E] [F]　　40. [A] [B] [C] [D] [E] [F]　　45. [A] [B] [C]　　50. [A] [B] [C]

51. [A] [B] [C]　　56. [A] [B] [C]
52. [A] [B] [C]　　57. [A] [B] [C]
53. [A] [B] [C]　　58. [A] [B] [C]
54. [A] [B] [C]　　59. [A] [B] [C]
55. [A] [B] [C]　　60. [A] [B] [C]

三、书　写

61.　　　　62.　　　　63.　　　　64.　　　　65.

66.　　　　67.　　　　68.　　　　69.　　　　70.

新商务汉语考试 BCT(A)答题卡

注意　　请用 2B 铅笔这样写：■■

一、听力

1. [√] [X]　　6. [√] [X]　　11. [A] [B] [C]　　16. [A] [B] [C]　　21. [A] [B] [C]　　26. [A] [B] [C]
2. [√] [X]　　7. [√] [X]　　12. [A] [B] [C]　　17. [A] [B] [C]　　22. [A] [B] [C]　　27. [A] [B] [C]
3. [√] [X]　　8. [√] [X]　　13. [A] [B] [C]　　18. [A] [B] [C]　　23. [A] [B] [C]　　28. [A] [B] [C]
4. [√] [X]　　9. [√] [X]　　14. [A] [B] [C]　　19. [A] [B] [C]　　24. [A] [B] [C]　　29. [A] [B] [C]
5. [√] [X]　　10. [√] [X]　　15. [A] [B] [C]　　20. [A] [B] [C]　　25. [A] [B] [C]　　30. [A] [B] [C]

二、阅读

31. [A] [B] [C] [D] [E] [F]　　36. [A] [B] [C] [D] [E] [F]　　41. [A] [B] [C]　　46. [A] [B] [C]
32. [A] [B] [C] [D] [E] [F]　　37. [A] [B] [C] [D] [E] [F]　　42. [A] [B] [C]　　47. [A] [B] [C]
33. [A] [B] [C] [D] [E] [F]　　38. [A] [B] [C] [D] [E] [F]　　43. [A] [B] [C]　　48. [A] [B] [C]
34. [A] [B] [C] [D] [E] [F]　　39. [A] [B] [C] [D] [E] [F]　　44. [A] [B] [C]　　49. [A] [B] [C]
35. [A] [B] [C] [D] [E] [F]　　40. [A] [B] [C] [D] [E] [F]　　45. [A] [B] [C]　　50. [A] [B] [C]

51. [A] [B] [C]　　56. [A] [B] [C]
52. [A] [B] [C]　　57. [A] [B] [C]
53. [A] [B] [C]　　58. [A] [B] [C]
54. [A] [B] [C]　　59. [A] [B] [C]
55. [A] [B] [C]　　60. [A] [B] [C]

三、书写

61.　　　　62.　　　　63.　　　　64.　　　　65.

66.　　　　67.　　　　68.　　　　69.　　　　70.

新商务汉语考试 BCT(A)答题卡

─请填写考生信息─

按照考试证件上的姓名填写：

姓名	

如果有中文姓名　请填写：

中文姓名	

考生序号	[0] [1] [2] [3] [4] [5] [6] [7] [8] [9]
	[0] [1] [2] [3] [4] [5] [6] [7] [8] [9]
	[0] [1] [2] [3] [4] [5] [6] [7] [8] [9]
	[0] [1] [2] [3] [4] [5] [6] [7] [8] [9]
	[0] [1] [2] [3] [4] [5] [6] [7] [8] [9]

─请填写考点信息─

考点代码	[0] [1] [2] [3] [4] [5] [6] [7] [8] [9]
	[0] [1] [2] [3] [4] [5] [6] [7] [8] [9]
	[0] [1] [2] [3] [4] [5] [6] [7] [8] [9]
	[0] [1] [2] [3] [4] [5] [6] [7] [8] [9]
	[0] [1] [2] [3] [4] [5] [6] [7] [8] [9]
	[0] [1] [2] [3] [4] [5] [6] [7] [8] [9]
	[0] [1] [2] [3] [4] [5] [6] [7] [8] [9]

国籍	[0] [1] [2] [3] [4] [5] [6] [7] [8] [9]
	[0] [1] [2] [3] [4] [5] [6] [7] [8] [9]
	[0] [1] [2] [3] [4] [5] [6] [7] [8] [9]

年龄	[0] [1] [2] [3] [4] [5] [6] [7] [8] [9]
	[0] [1] [2] [3] [4] [5] [6] [7] [8] [9]

性别	男 [1] 女 [2]

注意　请用 2B 铅笔这样写：■■

一、听力

1. [√] [X]　　6. [√] [X]　　11. [A] [B] [C]　　16. [A] [B] [C]　　21. [A] [B] [C]　　26. [A] [B] [C]
2. [√] [X]　　7. [√] [X]　　12. [A] [B] [C]　　17. [A] [B] [C]　　22. [A] [B] [C]　　27. [A] [B] [C]
3. [√] [X]　　8. [√] [X]　　13. [A] [B] [C]　　18. [A] [B] [C]　　23. [A] [B] [C]　　28. [A] [B] [C]
4. [√] [X]　　9. [√] [X]　　14. [A] [B] [C]　　19. [A] [B] [C]　　24. [A] [B] [C]　　29. [A] [B] [C]
5. [√] [X]　　10. [√] [X]　　15. [A] [B] [C]　　20. [A] [B] [C]　　25. [A] [B] [C]　　30. [A] [B] [C]

二、阅读

31. [A] [B] [C] [D] [E] [F]　　36. [A] [B] [C] [D] [E] [F]　　41. [A] [B] [C]　　46. [A] [B] [C]
32. [A] [B] [C] [D] [E] [F]　　37. [A] [B] [C] [D] [E] [F]　　42. [A] [B] [C]　　47. [A] [B] [C]
33. [A] [B] [C] [D] [E] [F]　　38. [A] [B] [C] [D] [E] [F]　　43. [A] [B] [C]　　48. [A] [B] [C]
34. [A] [B] [C] [D] [E] [F]　　39. [A] [B] [C] [D] [E] [F]　　44. [A] [B] [C]　　49. [A] [B] [C]
35. [A] [B] [C] [D] [E] [F]　　40. [A] [B] [C] [D] [E] [F]　　45. [A] [B] [C]　　50. [A] [B] [C]

51. [A] [B] [C]　　56. [A] [B] [C]
52. [A] [B] [C]　　57. [A] [B] [C]
53. [A] [B] [C]　　58. [A] [B] [C]
54. [A] [B] [C]　　59. [A] [B] [C]
55. [A] [B] [C]　　60. [A] [B] [C]

三、书写

61.　　62.　　63.　　64.　　65.

66.　　67.　　68.　　69.　　70.

초급 비즈니스 중국어 학습자를 위한 실전테스트
리얼 스타트 新BCT(A) 실전모의고사

발행일 초판 1쇄 2015년 2월 2일

지은이 김기숙
감수 우인호 · 중앙일보 중국연구소

발행인 노재현
편집장 이정아
책임편집 박근혜
편집진행 강민경
마케팅 김동현 김용호 이진규
제작 김훈일

디자인 장선숙
인쇄 미래P&P

발행처 중앙북스(주)
등록 2007년 2월 13일 (제2-4561호)
주소 (100-814) 서울시 중구 서소문로 100 (서소문동, J빌딩 3층)
구입 문의 1588-0950
내용 문의 (02) 2031-1385
팩스 (02) 2031-1399
홈페이지 www.joongangbooks.co.kr

ISBN 978-89-278-0611-0 03720